Анастасия Гибская

Публично о личном

Анастасия Гибская

Публично о личном

Узнайте о том, как создать крепкие и счастливые отношения

Bloggingbooks

Impressum / Выходные данные

Bibliografische Information der Deutschen Nationalbibliothek: Die Deutsche Nationalbibliothek verzeichnet diese Publikation in der Deutschen Nationalbibliografie; detaillierte bibliografische Daten sind im Internet über http://dnb.d-nb.de abrufbar.

Alle in diesem Buch genannten Marken und Produktnamen unterliegen warenzeichen-, marken- oder patentrechtlichem Schutz bzw. sind Warenzeichen oder eingetragene Warenzeichen der jeweiligen Inhaber. Die Wiedergabe von Marken, Produktnamen, Gebrauchsnamen, Handelsnamen, Warenbezeichnungen u.s.w. in diesem Werk berechtigt auch ohne besondere Kennzeichnung nicht zu der Annahme, dass solche Namen im Sinne der Warenzeichen- und Markenschutzgesetzgebung als frei zu betrachten wären und daher von jedermann benutzt werden dürften.

Библиографическая информация, изданная Немецкой Национальной Библиотекой. Немецкая Национальная Библиотека включает данную публикацию в Немецкий Книжный Каталог; с подробными библиографическими данными можно ознакомиться в Интернете по адресу http://dnb.d-nb.de.

Любые названия марок и брендов, упомянутые в этой книге, принадлежат торговой марке, бренду или запатентованы и являются брендами соответствующих правообладателей. Использование названий брендов, названий товаров, торговых марок, описаний товаров, общих имён, и т.д. даже без точного упоминания в этой работе не является основанием того, что данные названия можно считать незарегистрированными под каким-либо брендом и не защищены законом о брендах и их можно использовать всем без ограничений.

Coverbild / Изображение на обложке предоставлено: www.ingimage.com

Verlag / Издатель:
Bloggingbooks
ist ein Imprint der / является торговой маркой
OmniScriptum GmbH & Co. KG
Heinrich-Böcking-Str. 6-8, 66121 Saarbrücken, Deutschland / Германия
Email / электронная почта: info@bloggingbooks.de

Herstellung: siehe letzte Seite /
Напечатано: см. последнюю страницу
ISBN: 978-3-8417-7153-7

Copyright / АВТОРСКОЕ ПРАВО © 2013 OmniScriptum GmbH & Co. KG
Alle Rechte vorbehalten. / Все права защищены. Saarbrücken 2013

Содержание

Содержание…………………………………………………………………...1

Вступление……………………………………………………………….......2

Часть 1. Психология взаимоотношений мужчины и женщины……………...5

Чего боится мужчина в отношениях с женщиной……………………………5

Как покорить мужчину………………………………………………………...7

Где познакомиться взрослым людям………………………………………....9

Как понять любит ли мужчина……………………………………………….12

Любовь и лидерство…………………………………………………………..14

Бинокулярное зрение в отношениях…………………………………………16

Скрипка и виолончель………………………………………………………..18

Богатые папочки: достоинства и недостатки………………………………..19

Сложные периоды в отношениях……………………………………………21

Муж не уделяет внимания……………………………………………………24

Что делать если муж врет…………………………………………………….26

Как перестать ревновать мужа……………………………………………….28

Как найти общие интересы с мужем………………………………………...30

Как стать идеальной женой…………………………………………………..33

Семейная жизнь спустя 2 года……………………………………………….35

Ответ на письмо………………………………………………………………38

Часть 2. Личное……………………………………………………………….40

Пагубное влияние эмоций на отношения…………………………………...40

Распорядок дня в семье……………………………………………………….42

Семья и карьера в жизни женщины………………………………………….44

Слишком умные мысли……………………………………………………….47

Заключение…………………………………………………………………….49

Вступление

Приветствую Вас, дорогой друг. Эта книга написана на основе статей из моего блога (http://www.anastasiagibskaya.com/).

Основную их часть Вы сумеете прочесть здесь и почерпнуть для себя что-то ценное, интересное.

Меня зовут Анастасия Гибская, мне 24 года и я живу в России.

Еще год назад у меня не было мысли рассказать о некоторых подробностях своей жизни. Но теперь я хочу поделиться с вами своей историей, чтобы вы лучше узнали меня. Смогли понять и получить ценный опыт для вас.

Я не ходила в садик. Семья военного часто вынуждена переезжать с места на место. Поэтому я и мои сестры росли в дружной «дворовой общине». Где дети играли в прятки, жмурки, а по весне девочки варили «кашу» из одуванчиков и талого снега.

Мы жили в маленьком городке, многие даже не знают о его существовании. Я была бунтаркой и больше дружила с мальчишками. Часто ощущала себя «не в своей тарелке». С самого детства я с натяжкой вписывалась в какую-либо компанию. Меня принимали, но я в душе всегда чувствовала разницу.

Если откровенно, мое детство было бедным, но счастливым. У меня были любящие родители и заботливые сестры.

В 3 года меня каким-то чудом смогли вылечить от тяжелой пневмонии. Как говорила мама, я очень хотела жить и я боролась.

Когда мы переехали в большой город, жизнь круто изменилась. Я пошла в первый класс. Родители много времени проводили на работе. За мной присматривала бабушка и старшие сестры. Появилось много новых друзей и вместе с тем знакомое ощущение «белой вороны».

Меня выгоняли из балетной школы, школы гимнастики по причине хулиганского поведения. Однако я закончила музыкальную школу. И это благодаря маме. Тогда мне предоставили выбор: «Можешь бросить, либо же доведи начатое до конца».

И это осознанное решение, принятое мною лично, мой выбор, сделанный без давления и уговоров, дало начало развитию ценного качества: всегда, что бы это ни стоило идти до «победного».

Тяжелым моментом был развод родителей. Мой переходный возраст пришелся как раз на этот период. Я прогуливала школу, много врала, ввязывалась в различные авантюры.

Надо отдать должное моей сестре, которая во время поставила мои «мозги на место». Никогда не забуду ее фразу: «Ты должна быть леди, а не такой как твои подружки».

Родители вновь поженились спустя несколько лет, проведенных в тоске и разлуке. Каждый из них успел пожить своей жизнью в «другой семье». Очевидно, чтобы понять ценность друг друга этот шаг был необходим.

В Омске я живу с 14-ти лет. Мне нравиться здесь, мне комфортно. После нашего переезда и воссоединения родителей моя жизнь засияла разноцветными красками.

Еще несколько лет назад я была обычной студенткой. Я совмещала учебу и работу. Я ходила на вечеринки, общалась с мужчинами и много училась.

Даже не так. Я была необычной студенткой. Потому как в институте я была «ботаником», но за его пределами и в свободное от учебы время я была заядлой «тусовщицей».

Многим, я думаю, знакома ситуация, когда тебя любят, а ты не можешь ответить взаимностью. И наоборот: я любила, но не всегда была любима. Когда кто-то делал мне больно, я причиняла боль другому в ответ. В какой-то момент я просто не смогла остановиться. Я заигралась.

После нескольких дней проведенных в компании с психологически больным человеком, находясь в жутком страхе и состоянии между жизнью и смертью, мне пришлось пересмотреть свою жизнь. Я была заперта в своей же квартире. Тогда, к счастью, мне удалось сбежать и на помощь пришли добрые люди.

Но я сбежала не столько от человека, сколько из той жизни, которой я жила. Я отлично разбиралась в психологии людей, пользовалась этим и зачастую делала людям больно. Вся эта боль вернулась ко мне бумерангом в момент той злополучной встречи.

Сейчас я счастлива. Я замужем и у нас растет прекрасная дочь. И это счастье я выстрадала и заслужила. Мне пришлось изменить себя, свой образ жизни, поменять круг общения.

Я собираю себя по кусочкам. Каждый раз что-то «перекраиваю» и меняю в лучшую сторону. Без этого в семейной жизни не обойтись.

Не так давно я занималась тем, что вела колонку в рубрике «психология взаимоотношений» для одного интернет-журнала. Я освещала самые разные темы, изучала много новой информации, обращалась к своему опыту. В какой-то момент я поняла, что хочу и могу дать женщинам больше, чем просто несколько эффективных советов в статьях.

Я изучаю и практикую психологию. Мои знания и опыт помогут многим девушкам обрести уверенность в себе, построить счастливые отношения с мужчиной и жить в полной гармонии с собой и окружающим миром.

Я не учу избегать ошибок. Это невозможно сделать. Но я могу подсказать, как поступить в сложной ситуации.

Та информация, которую вы найдете в моих работах, является выжимкой лучших опытов отечественных и зарубежных специалистов в области психологии человека и взаимоотношений. Безусловно, я так же руководствуюсь собственным опытом.

Я проработала множество стратегий поведения, саморазвития и реализации себя не только как женщины, но и как личности. Для меня важно было собрать лучшее, объединить в систему и донести людям ценность.

Информации много. Кто-то освещает проблемы касаемые мужской психологии. Другие прорабатывают особенности женского поведения. Однако для того, чтобы создать счастливый союз, важно рассматривать эти две области накладывая одну на другую.

Для меня важен ваш результат – счастливые и крепкие отношения с любимым человеком. И даже если вам, как и мне когда-то, все это кажется далеким и непостижимым, верьте, это возможно.

Я теряла любовь, но веру в нее – никогда.

Часть 1. Психология взаимоотношений мужчины и женщины

Чего боится мужчина в отношениях с женщиной

«..Мужчина боится быть недооцененным девушкой. Он боится, что она перестанет видеть в нём того героя, того принца на белом коне который её спасёт от всех бед на свете. Он боится, что она перестанет верить в него как в героя её воображения. Он боится, что та единственная, которая ему так нужна однажды скажет: а что если у меня есть другой?.. Мы боимся что вы, девушки, перестанете нас ценить такими, какие мы есть...» - такой ответ я нашла на одном из форумов, его написал мужчина.

Интерес к обсуждению того, **чего боятся мужчины в отношениях с нами, девушками**, еще раз подчеркивает их значимость для нас. Мы хотим знать о том, в каких вопросах следует вести себя осторожнее.

Хотя в редких случаях нами движет желание узнать **слабые стороны мужчины**, чтобы манипулировать им.

Что ж, если вам нужна марионетка, то не жалуйтесь на то, что рядом с вами слабовольный, нерешительный мужчина. Вы его сами таковым сделали. Либо опомнитесь и пересмотрите тактику своего поведения, либо довольствуйтесь тем, что получилось.

Изучив различные форумы, почитав комментарии и лично пообщавшись с представителями сильной половины человечества, решила помочь вам в этом нелегком пути построения отношений с мужчиной.

Милые женщины, есть над чем поразмыслить. Мужчины как и мы с вами переживают в делах сердечных.

- ✓ **чего боится мужчина**, так это предательства, измены. Ни один мужчина не хочет признавать свое «поражение». Измена женщины дает лазейку таким мыслям мужчины, как несостоятельность в сексуальном плане;

- ✓ страх отсутствия взаимопонимания. Интересно, но один молодой человек сказал так: «После измены еще могут быть общие темы. А когда между вами отсутствует взаимопонимание – говорить не о чем…Можно разворачиваться и уходить»;

✓ мужчина боится потерять ту, которую он любит. Не столь важно то, как это произойдет – новая любовь, разлука, расставание и даже, не приведи Господь, смерть возлюбленной. И плачут, и на колени падают, и даже ждут по 10 лет, что вернется…

✓ зависимости. Страх того, что женщина «свяжет» его по рукам и ногам, будет зарабатывать больше и становиться успешнее есть у многих. Мало тех, кто в этом честно признался. Мужчины, больше уверенности и веры в себя!

✓ **чего** же еще **боится мужчина**? Мужчины боятся пощечины. Подобным заявлением меня удивили несколько опрошенных мужчин в возрасте 30-35 лет, состоявшиеся в профессиональном плане и в принципе производящие впечатление уверенных и достойных «самцов». Они объяснил это тем, что подобный жест со стороны женщины оскорбителен и прощению не подлежит.

Как покорить мужчину

Когда мы встречаем человека, который вызывает у нас любовную лихорадку, то начинаем искать всяческие способы ему понравиться.

Для женщины недостаточно, чтобы объект ее симпатии просто обратил на нее внимание, кинул пару комплементов.

Любая девушка желает **покорить** возлюбленного **мужчину**. **Как** это сделать **в постели** – очень актуальная тема на сегодняшний день.

Для мужчины секс очень важен. Не будем заострять внимание на том, что, безусловно, только этим его не удержишь. Такова наша женская доля – приходится быть для мужчины всем: и подругой, и прислугой, и любовницей.

Вернемся к вопросу о том, **как покорить мужчину в сексе**. Для начала, усвойте несколько правил:

✓ вы должны любить свое тело и заботиться о его внешней привлекательности. Если вы будете зажиматься в постели, стесняться, то вам не удастся раскрепоститься и получить удовольствие;

✓ важно, чтобы вам нравилось проводить время в объятиях мужчины. Они всегда чувствуют, желанны они, либо нет. Для большинства мужчин имеет значение;

✓ необходимо вызвать у мужчины «эмоциональную привязанность» в вопросе интимной близости с вами. Этого можно достичь в том случае, когда он увидит вашу восхищенность им. Дайте ему понять, что он доводит вас до приятного безумства, дарит вам райское, неземное удовольствие. Получая при этом от вас не меньше, он забудет о других и будет одержим только вами.

Быть искусным кулинаром немаловажно. Однако в вопросе того, **как покорить сердце мужчины**, одним желудком ограничиваться нельзя. Поэтому переходим к конкретным действиям.

Важно, чтобы вы любили секс и были образованной в этом плане личностью. Помимо существующих техник орального, анального секса, освойте технику эротического массажа. Вам это обязательно пригодится.

Подойдет как простое детское масло для ухода за кожей, так и специальное ароматическое для массажа. Сделайте приятный сюрприз любимому и начните с массажа спины, рук, перейдите к ягодицам, особое внимание уделите внутренней части бедер мужчины. Закончите энергичным массажем пениса.

Будьте нежны, откровенны и чувственны, тогда ваш мужчина не останется равнодушным.

Где познакомиться взрослым людям

На самом деле, большинство судьбоносных встреч происходят в случайное время и в случайном месте. Большинство супружеских пар по статистике знакомятся на работе. И на личном опыте я сама в этом убедилась.

Однако устраивавшись на работу, я преследовала лишь одну цель – заработать денег. Поэтому встреча с будущим мужем была действительно случайной, но, надо сказать, уж очень приятной…

Где познакомиться взрослым людям? – Давайте разберемся в этом вопросе.

Пять правил

Есть некоторые моменты, которые стоит обязательно учитывать при попытке наладить свою личную жизнь. Если вы уже не наивная старшеклассница, то запомните:

1. Будучи уже в зрелом возрасте, для того, чтобы женщине и мужчине познакомиться, не стоит притворяться и быть тем, кем вы не являетесь. Надевать узкую мини-юбку, в которой вам некомфортно, чулки в сетку, пластмассовые браслеты и в 40 лет отправляться плясать на танцполах ночных клубов вашего города – это, мягко говоря, глупо, нелепо и бесперспективно.

Оставайтесь самой собой. Если есть желание измениться, то делайте это не в пользу деградации личности. Развивайтесь, совершенствуйте себя и избегайте в своем поведении того, что вам несвойственно, что вас «уродует».

2. Определитесь с тем, чего вы ожидаете от знакомства. Важно понять свои мотивы, желания. Хотите ли вы создать семью или же вам просто хочется непродолжительного романа – от этого уже будете дальше отталкиваться в вопросе того, где познакомиться с мужчиной.

3. Правило адекватной оценки. Ваши требования должны соответствовать вашему личному уровню. Они могут быть чуточку завышены. Но если вы хотите поднять планку, начните с себя.

Научитесь больше отдавать, чем просить. Тогда и отдача повысится. Быть может, корону с головы вам придется все же снять и проявить больше внимания к потенциальным ухажерам. Последние могут быть не такими уж и безнадежными.
Но помните и о том, что унижаться, соглашаться на то, «что осталось» тоже не следует. Знайте себе цену и сохраняйте свое достоинство.

4. Не напирайте. Только познакомившись с мужчиной, не требуйте от него много. Ослабьте свою железную хватку и не зацикливайтесь на мысли о том, что он ваш «последний шанс». Отпустите тревожные мысли и наслаждайтесь общением.

5. Секс в первый день знакомства – табу. Если, конечно, вы не преследуете это своей целью при знакомстве с мужчиной. С легкодоступной женщиной легко и распрощаться. Не позволяйте себя использовать и остерегайтесь опытных «соловьев», которые только и могут, что нащебетать с три короба, сделать дело и улететь, не пообещав вернуться.

Соблюдая эти несложные **правила при знакомстве с мужчиной**, у вас будет больше шансов на счастливое продолжение внезапной встречи.

Место встречи

Итак, представляю вам **список мест, где женщина может познакомиться с мужчиной**:

✓ парки и скверы. Вы думаете, что отцы-одиночки редкость в наше время? – Отнюдь. Хотя конечно, количество матерей-одиночек значительно превышает эти цифры. Тем не менее, взрослым мужчине и женщине может выпасть шанс повстречать друг друга именно в парке, прогуливаясь со своими детьми;

✓ интернет. На моей практике много примеров супружеских пар, которые познакомились в интернете. Если у вас есть время, вы обладаете терпением и красноречием – дерзайте. Помните, что везде работает статистика (80/20), принцип Парето: из 10 мужчин 2 окажутся потенциальными претендентами на вашу руку и сердце.

Минус в том, что встречаясь и общаясь все с новыми и новыми мужчинами можно изрядно подустать. Поэтому, как только почувствовали эмоциональное истощение – делайте паузу. Можете даже и Твикс скушать, чтоб восстановить силы, которые вам понадобятся;

✓ дни рождения друзей. Не будьте отшельником и не избегайте вечеров в компании друзей и подруг. Знакомьтесь, общайтесь и может есть смысл присмотреться к кому-то повнимательнее;

✓ на работе. Ни для кого не секрет, что служебные романы очень часто оканчиваются (или продолжаются) свадьбой и созданием семьи. Главное условие – оба должны быть свободными людьми, как мужчина, так и женщина. Иначе речь пойдет о любовном треугольнике, выпутываться из которого бывает порой непросто;

✓ планета Земля. На самом деле, **познакомиться с мужчиной можно где** угодно, будь это общественный транспорт, прогулочный теплоход, магазин, банк, почтовое отделение, бассейн, тренажерный зал, стоматология (да-да, врач может вылечить не только ваши зубки, но и душу, истосковавшуюся по любви и ласке).

Любите себя и будьте оптимистами. Ваш человек непременно где-то поблизости. Главное не терять веру в то, что вы обязательно встретитесь.

Как понять любит ли мужчина

Нет ничего хуже неизвестности. Что делать, когда ты теряешься в догадках по поводу того, какие чувства испытывает к тебе мужчина? Поверьте, когда терпение на исходе можно и самой определить, **понять** то, **любит ли мужчина**. **Как** это сделать? Давайте разбираться по порядку.

Женщины порой проявляют смелость и инициативу в любовных делах. Подобное поведение совершенно нам не чуждо и в вопросе признания в своих чувствах. Но до того **как** рассказать **парню** или **мужчине** о своей любви, хочется **понять что** он тоже **любит**. Согласитесь, нам бы всем хотелось рассчитывать на взаимные чувства.

Не сложно догадаться, что мужчину влечет к вам исключительно в сексуальном плане, если:
✓ он редко интересуется вашими делами, настроением, предпочитая сразу же «приступить к делу»;
✓ он откладывает решение важных для вас проблем, а вскоре просто забывает;
✓ не оказывает поддержку и помощь;
✓ вы редко ходите куда-нибудь, например, в кино или клуб. В основном вы проводите время либо у одного из вас дома, либо в номере гостиницы;
✓ он не любит говорить с вами о серьезных вещах и о своих делах;
✓ вы не обсуждаете тему создания семьи, рождение детей. Ему это не интересно;
✓ интуиция подсказывает вам, что эти отношения основаны только на сексе.

Женщины, не тешьте себя иллюзиями. Прислушивайтесь хотя бы изредка к своей интуиции.

Бывает и так, что мужчина воспринимает вас как друга, товарища, но не более того. Ему не хочется оскорблять вашей явной симпатии к нему, поэтому он старается вести себя благородно. Поэтому вы можете рассчитывать только лишь на дружбу, если:

✓ он не представляет вас другим как свою девушку;

- ✓ в беседе с вами он нередко говорит о том, как ему повезло с такой подругой;
- ✓ он дает вам любовные советы относительно других представителей мужского пола, пытается знакомить вас со своими товарищами;
- ✓ проводите время вместе, когда вы являетесь инициатором этого совместного отдыха;
- ✓ он делает что-либо в том случае, если обещает вам это сделать.

И в заключении, **что же такое любовь мужчины**? Забота, терпение, щедрость и многое другое, как мы уже выяснили. Однако стоит учесть одну особенность. Для женщины любовь – это те переживания, которые вызывает у нее объект ее страсти. Фактически, она любит не столько мужчину, сколько те чувства и переживания, которые с ним связаны.

Что касается мужчин, то здесь дела обстоят несколько иначе. Для него любовь к женщине – это наслаждение, удовольствие, которое с ней связанно. Это не только интимная часть отношений, но и душевная гармония, близость, общность интересов.

Как только партнер перестает это получать от вас, он лишается своего удовольствия, то велика вероятность того, что он отдалится.
Помните об этом и не совершайте глупых ошибок.

Любовь и лидерство

В этой статье попробуем ответить на вопросы: «**Кто должен доминировать в отношениях?**» и «**Почему муж ничего не хочет делать, помогать?**».

Первые два года семейной жизни считаются самыми сложными. Именно в это время вы закладываете фундамент для своего будущего семейного счастья. Осознание общей и **главной цели** вашего **брака** – это как раз и есть тот фундамент, который в дальнейшем при правильном укладе не даст трещины.

Как часто мне приходиться слышать от замужних девушек: «Моя взяла, я сильнее», «Посмотрим, кто кого», «Я еще ему устрою» и т.д. Приходиться объяснять, почему так рассуждать не следует.

В любовном союзе нет и не может быть лидера. Нет ни победителей, ни проигравших. Потому что вы и ваш любимый человек – команда. Если кто-то проиграл, то проиграли оба. Нельзя устраивать соревнования, с целью выяснить кто же из вас двоих «круче». У вас одни ворота, в которые вы оба забиваете свои совместные «голы».

Ваши ворота – жизненные обстоятельства, в которых вам то и дело нужно выживать, действуя вместе и сообща. На прочность вас будет проверять время и сама жизнь. Посему, не стоит устраивать друг другу бессмысленные проверки.

Кто должен доминировать в отношениях между мужчиной и женщиной? – Конечно же, любовь. Остальные трудятся на благо и во имя ее.

Опасный синдром

Большинство людей устроено следующим образом: когда кто-то берет инициативу в свои руки, другой отходит в сторону и занимает позицию наблюдателя. Самым ярким примером являются мужчины в отношениях с женщинами.

Как только женщина начинает решать вопросы, к примеру, бытового характера, мужчина тут же «расслабляется» и снимает с себя полномочия. Зачем ему заморачиваться по таким вопроса теперь? Он ведь передал вам бразды правления, теперь может не волноваться по этому поводу.

Только вот стоит заметить, что женщина сама эти бразды отобрала. Важно понять одну главную вещь: если вы начинаете «отодвигать» мужа, не давать ему возможность заниматься решением каких-либо задач, то вскоре будьте готовы тащить все на себе.

Многие жалуются на то, что **муж ничего не хочет делать по дому**: «Я все делаю сама», «С ребенком я вожусь сама», «В кино билеты покупаю я сама» и еще много подобных «я-сама» изречений.

Так вот, задумайтесь, почему же подобное происходит в ваших отношениях? Не вы ли однажды решили самостоятельно выбрать фильм, забронировать билеты в кино? Или быть может вам не спокойно, когда с ребенком сидит ваш муж? Наверное, вы просто уверенны в том, что лучше вас никто не сделает. И не важно, о чем идет речь. Вы – лучшая и все тут.

Синдром «Я сама» на самом деле очень опасен. Не показывайте мужчине то, что вы можете справляться с задачами без его помощи. Не отбирайте у него права голоса. Не освобождайте от дел. Переняв однажды какую-либо часть его работы, вы рискуете «узаконить» подобное явление в вашей совместной жизни.

А оно вам надо? Подумайте на досуге.

Бинокулярное зрение в отношениях

Собирая материал для этой статьи, меня посетило чувство стыда. **Что такое бинокулярное зрение** с точки зрения анатомии, известно всем. Выражаясь простыми словами, это способность видеть мир двумя глазами.

А знаете ли вы, что этот термин применяется и в сфере психологии взаимоотношений? **Бинокулярное зрение в отношениях** – это искусство видеть мир не только со своей точки зрения, но и с точки зрения близкого человека.

Вернемся к тому, с чего я начала. Почему мне стало стыдно за себя? Потому как проанализировав свои отношения с мужем, пришла к выводу о том, что в каких-то ситуациях мое «зрение» меня частенько подводит.

В решении некоторых спорных вопросов я учитываю только лишь свою точку зрения, не учитывая интересы любимого мужчины.

Стыдно. Это ведь не правильно и так не должно быть. Поэтому предлагаю развивать бинокулярное зрение в отношениях вместе.

Одержимость

Согласитесь, в тот момент, когда эмоции и мысли тобой всецело овладевают, трудно считаться с чьим-то мнением.

Что нам мешает во время конфликта вести себя адекватно? Ответить можно кратко и понятно – эгоизм. Во время выяснения отношений, нас больше волнуют собственные чувства: «я, я и еще раз «Я»!

Вот здесь-то и необходимо воспользоваться своим бинокулярным зрением. Нужно сказать себе «Стоп!» во время очередного **скандала с мужем** и выслушать его. Попробовать «влезть в его шкуру» и взглянуть на ситуацию его глазами.

Не стоит уповать на то, что вы разные, вроде как мужчина и женщина. В первую очередь вы – люди. Поэтому здесь нужно взывать к рассудку и здравому смыслу. Помнить о ранимости каждого из вас.

Это непросто. Нужно тренироваться, пересиливать себя. Главное осознавать, что все ваши труды исключительно во благо вашей любви, отношений с тем, кем вы дорожите.

Двойная перспектива

Как развить бинокулярное зрение в отношениях с любимым человеком? Безусловно, это непросто. Для этого нужна душевная зрелость и желание сохранить гармонию и связь с тем, кого вы любите.

Попробуйте закрыть один глаз рукой и взглянуть на то, что вас окружает. Картинка неполная, вам труднее ориентироваться в пространстве, видеть движущиеся объекты. Когда вы смотрите двумя глазами вы видите все в полном объеме.

В отношениях точно так же. В отличие от монокулярного зрения бинокулярное позволяет вам «видеть» ситуацию в полной мере, вы получаете двойную перспективу.

Это не означает, что вам необходимо отказываться от собственных суждений и взглядов. Ваша точка зрения остается при вас и никто ее не отбирает. Здесь важно то, чтобы вы не пытались посмотреть на факты со своей «колокольни». Ваше восприятие (потому как оно разное у мужчины и у женщины) все равно их «искажает», вы понимаете не так, как ваш партнер.

Вам не нужно видеть факты его глазами. Все что от вас требуется - это понять и *принять всерьез* чувства, которые эти факторы вызывают.

Это и есть бинокулярное зрение. Воспринимать ситуацию, учитывая обе точки зрений. Считаться не только со своими чувствами, но и с чувствами любимого человека.

Скрипка и виолончель

или Какими мы были раньше

Вспомните то время, когда вы только полюбили друг друга. Сомневаюсь, что в тот момент каждый из вас отказался от собственных взглядов, смотрел на мир глазами возлюбленного. Вряд ли вы требовали от него принимать вашу точку зрения по какому-либо важному вопросу.

Вы меняли свои взгляды, приспосабливаясь к точке зрения друг друга. Скорее всего, ваши самостоятельные и равноценные взгляды, мысли составляли своеобразный дуэт, как скрипка и виолончель.

Скрипка не меняет свой голос, чтобы подстроиться под виолончель, и виолончель не перестает быть виолончелью, чтобы угодить скрипке. Гармонию образуют голоса двух инструментов, сливающиеся в одно целое.

Как только вы начинаете критиковать и бойкотировать скрипку, пытаясь сделать из нее виолончель (или наоборот), гармония из ваших отношений тут же уходит.

Чаще всего претензию к супругу можно выразить следующими словами: «Ну почему ты не можешь быть таким, как я». Только вот если бы супруг был похож на вас, вас бы к нему не тянуло. Разве это не скучно жить под одной крышей с точной копией самого себя?

Виолончель и скрипка помогают друг другу звучать шире и глубже. Если вы перестанете бороться за то, чтобы ваша точка зрения считалась единственно верной, ваша картина мира так же станет шире и глубже.

Если вы отвергаете точку зрения близкого человека и настаиваете на своей (неважно, как вы это делаете) – это значит, что собственная правота для вас важнее чувств любимого и

Богатые папочки: достоинства и недостатки

Раньше их называли «богатыми папочками». Их девиз выглядит примерно так: «Если моя девочка будет послушной, я сделаю для нее все».

Теперь «богатому папочке» придумали другое название: «спонсор». Мужчины в своих кругах называют их старыми кобелями, а девушек, идущих к ним на содержание (осознанно или нет) – проститутками.

На самом деле хорошего мало в том, чтобы дарить всю себя мужчине, который отдает взамен, по существу, не так много.

Безусловно, посмотреть на него, так все что он делает – все исключительно для вас. Заплатить по счетам и коммунальным услугам, снять квартирку, в который вы будете принимать его, оплатить ваше обучение, походы к стилистам, шопинг и т.д.

Этот папочка, спонсор или кобель (кому как нравится) просто из кожи вон лезет, чтобы сделать вид, будто предан вам всей душой.

Если смотреть трезво, на самом деле он просто платит за секс. Это не я придумала, я лишь транслирую мужской взгляд на подобную ситуацию.

Он будет играть с вами, пока вы принимаете его правила игры. В то же время, у него могут быть отношения с женщиной, которая для него куда важнее, чем вы. Вмешиваться в эти отношения он вам не позволит.

Такой мужчина не способен на истинную жертву. Он ничего не сделает во благо вас, если это будет ему в убыток. Он не станет покупать вам автомобиль, если у него его нет. Он не станет покупать вам продукты, если его холодильник пуст. Он не пойдет с вами на вечеринку, если туда придет женщина, которая ему действительно не безразлична.

Между мужчиной, инвестирующим в любовницу, и мужем, обеспечивающим семью существует большая разница. Любовь мужчины выражается в трех формах: он прилюдно заявляет свои права на вас, защищает и обеспечивает.

И не важно, остались у него средства или нет. Любящий вас мужчина, не станет тратить деньги на ерунду, принося вам остатки. Он ничего не купит себе, пока не купит то, что нужно вам. Он делает это, потому как чувствует свою ответственность за вас. Он старается соответствовать своему предназначению и роли мужчины – главы семейства и добытчика. Вот такой человек вас действительно любит.

Сложные периоды в отношениях

Дело в том, что в отношениях, как это всем известно, не всегда бывает все гладко. Ссоры, споры, обиды и прочие неурядицы – это неизбежно. Сегодня хочу осветить три **сложных периода в отношениях**.

Не исключено, что кому-то это может показаться странным, несерьезным или даже смешным. Однако я на своей практике убедилась, что каждая третья пара, проходя эти этапы, испытывает трудности.

Итак, речь пойдет о свадьбе, ремонте и начале семейной жизни.

Ах, эта свадьба

И пели, и плясали на свадьбе, но это было уже значительно позже. Прежде чем организовать подобное мероприятие, жениху с невестой придется изрядно потрудиться.

Оставим все внешние проявления устроителям свадеб, потому как мы будем говорить о том, что происходит «внутри» пары, их отношений.

Во-первых, множество мелочей, которые как снежный ком накапливаются, пополняются в ходе **подготовки к свадьбе**, заставляют молодых испытывать сильнейший стресс. В итоге, каждому приходиться бороться с ним привычным для человека образом: слезы, крик, паника, апатия, пьянство и т.д.

И вот они первые зерна раздора. Вас уже двое, вы зависите друг от друга, эмоционально влияете друг на друга, и в то же время каждый «выпускает пар» так, как привык это делать.

В итоге вам тяжело друг друга понять, тяжело договориться. Напряжение растет, недовольство друг другом набирает обороты, так недолог путь и до первого разочарования.

Что делать в такой ситуации?

Конфликты будущих молодоженов **при подготовке к свадьбе** можно если не полностью предотвратить, то изрядно сгладить. Начните готовиться к свадьбе с взаимной клятвы не доводить ситуацию до абсурда.

Договоритесь заранее, что будете считаться с мнением друг друга, выслушивать предложения и решать все спокойно, без суеты и раздражения. Процесс этот очень трудоемкий, долгий, требует терпения и ответственности.

Вы даже и представить себе не можете, что подобные слова обещания начинают работать на вас уже в тот момент, когда вы их произносите. Ваше подсознание фиксирует то, что обещаете делать. И в дальнейшем в нужный момент эта программа, заложенная сейчас вами в ваш мозг, сработает.

Помните, ваш совместный путь только начался. Не тратьте свою энергию на мелочи, которые очень скоро забудутся.

Он никогда не закончится

Знакомьтесь, это Ремонт. Требует много внимания, отнимает много сил и на него очень часто не находится времени. А он ждет. Постоянно напоминает о себе и нервирует своих «сожителей».

Второй сложный период в отношениях, это ремонт в квартире. Всем хочется жить в уюте и комфорте. Я не знаю такого человека, который бы не мечтал иметь свой угол, куда хотелось бы возвращаться и отключаться от всех проблем. Наслаждаться общением с любимым человеком, детьми, друзьями, родственниками (по выходным или праздничным дням, разумеется) общением с самим собой.

«Есть ли жизнь после свадьбы? – Есть, если ремонт не предвидится». Такую шутку я придумала не просто так. Период совместного обустройства квартиры вносит разногласия в отношениях. **Ссоры во время ремонта** – довольно-таки распространенное явление.

В чем причина? Опять же, выход из зоны комфорта – стресс для организма. Обшарпанные стены, беспорядок, пыль, грязь, оставленные по углам кисти с с остатками клея для обоев. И кажется, нет конца и края работе.

С одной стороны, так и есть. Мы всю жизнь будет делать ремонты, с перерывами конечно. Одна идея для дома будет сменять другую. Но с другой стороны, можно и нужно научиться получать от этого удовольствие.

Во время ремонта, в отношениях стоит проявлять терпение и уважение к тому, что каждый из вас делает. Порой, мы не упускаем возможность высказать супругу то, что он что-то где-то не сделал, и забываем хвалить его за успешное выполнение поставленных перед ним задач.

Я искренне верю в то, что ваш муж не относится к числу лентяев. В таком случае, поменьше напоминайте и пилите его. Чем больше взаимных претензий, тем дальше вы становитесь друг от друга душевно.

Начало

Не так важно, что до свадьбы вы жили вместе. Пусть и знаете друг друга не один год, **после свадьбы отношения меняются**. **Почему** это происходит? Прежде всего, под влиянием новых обстоятельств, в которых оказывается молодая семья.

Начало семейной жизни знаменуется сближением. Последнее происходит на многих уровнях: сближение с недостатками, сближение с привычками, истинным характером мужа или жены. Так же происходит сближение с родственниками, друзьями любимого человека.

Новоиспеченные супруги вновь и вновь раскрывают новые грани (чаще всего малоприятные) друг в друге. Главное понять одну вещь: это неизбежно и это нормально.

Принимайте друг друга в полной мере, с недостатками и без. Помните, что семенная жизнь - это не соревнование по перетягиванию каната. У вас должна быть одна (как минимум) общая цель – создать счастливый и крепкий союз двух любящих сердец. Звучит банально, но в этом вся правда.

Муж не уделяет внимания

Я думаю, ни для кого не секрет, что отношения после свадьбы отличаются от тех, что были до вступления в законный брак. Всем известный конфетно-букетный период не может длиться вечно. Долгожданные свидания и поцелуи на последнем ряду в кинотеатре сменяются постоянным проживанием под одной крышей и решением совместных проблем.

И это прекрасно. Нет в этом ничего криминального. Жизнь не заканчивается там, где встают вопросы бытового характера. Главное знать, как во всей этой рутине не потерять интерес друг к другу. **Что делать, если муж не уделяет внимания**? Об этом я и хочу поговорить сегодня.

Смена образов

Не только отношения меняются после свадьбы. В первую очередь, меняемся мы сами. Муж без стеснения позволяет себе какие-либо человеческие «слабости», которые раньше как-то мог контролировать. Жена дает себе «расслабиться» и с меньшей ответственностью относится к своему внешнему виду.

Вот основные причины того, **почему муж не обращает внимания на жену**:

✓ внешняя непривлекательность. Замусоленные бретельки бюстгальтера, бесформенная домашняя одежда, отсутствие прически, макияжа и неухоженные руки – все это враги женственности и сексуальности.

Не стоит недооценивать красоту и ухоженность женщины. Мало выйти замуж, необходимо поддерживать к себе интерес. Если **муж перестал уделять внимание в интимной сфере**, то есть повод заняться собой. Будем надеяться, что причина не в другой женщине. В этом случае бой предстоит нелегкий и одной только сменой имиджа не обойтись;

✓ вы не интересны как личность. Статус жены не накладывает на вас ограничения в плане личностного развития. У вас должны быть увлечения, интересы, любимое дело. Нельзя заниматься одной лишь уборкой и готовкой, сидеть дома в ожидании мужа. Развивайтесь как личность, чтобы быть приятной и интересной собеседницей. Не ленитесь;

✓ еще одной причиной, **почему муж перестал обращать** на вас **внимание**, является его концентрация, увлеченность другим делом. Это может быть важный проект на работе, пережитый сильный стресс или другая неприятная ситуация в жизни. В этом случае дайте ему время, обеспечьте поддержкой, пониманием и будьте готовы придти на помощь.

Как привлечь внимание мужа? Во-первых, приложите максимум усилий, чтобы снова ему «понравиться». Во-вторых, наполните себя изнутри. Почитайте интересные книги, найдите себе хобби.

Удивите мужа своим поведением. Предложите необычным образом провести совместный досуг. Иногда так приятно ошибаться. Пусть это будет как раз-таки тот случай, когда он думает, что хорошо вас знает, но внезапно открывает в вас новые грани.

Не забывайте про интимную сторону ваших отношений. Совместный поход в секс-шоп, романтический ужин с пикантным продолжением (стриптиз, к примеру) – все это действительно работает. Смелее и больше фантазии!

Что делать если муж врет?

Уверенны ли вы в том, что не зря тратите свое драгоценное время, задаваясь такими вопросами: **«Как узнать ложь мужа?»**, **«Как понять, что муж врет?»**. Если нет на то повода, зачем заниматься этим бесполезным делом? Да и к чему приведут вас подобные расследования.

Доверие – это фундамент, на котором необходимо строить отношения. Ничто не придает в жизни такой уверенности, как искренний и любящий человек рядом.

Другое дело, **если** вы точно знаете, что **муж** вам **постоянно врет. Что делать** в этой ситуации? Давайте разберемся.

У любой «болезни» есть причина

Прежде, чем приступать к «лечению», изучите детально «историю болезни». Отвечая на вопрос, **почему муж постоянно врет,** стоит обратить внимание на возможные **причины** такого поведения.

Не спешите обвинять мужчину и требовать извинений. Если только он не является патологическим лгуном, то в большинстве случаев причина в нас, милые жены.

✓ из-за неадекватного в некоторых случаях поведения жены, муж боится сказать ей правду. Например, она против того, чтобы он по пятницам посещал спорт-бар, баню или играл с друзьями в покер.

Отказать себе в подобном удовольствии, не расслабиться после работы он не может. Но в то же время муж прекрасно понимает, каким скандалом это все обернется. Вот и приходится ему врать, мол, на работе аврал, командировка, деловая встреча и прочее.

Если вы не можете предложить своему супругу нечто более интересное, чем его встречи с друзьями, то не запрещайте ему этого. Дайте ему немного свободы, личного пространства. Тогда и врать перестанет;

✓ если в первом случае мужчина боится скандала, то здесь он просто не хочет делать вам больно. Для него не имеет значения то, что произошло. Если это угрожает вашему спокойствию и комфорту, то он принимает решение что-то от вас утаить.

Например, жена в положении, а мужа уволили с работы. Чтобы поберечь ее нервы, он ничего не говорит об увольнении, пропадает на собеседованиях и придумывает всяческие истории.

Когда подобный обман раскроется, примите его добрые намерения как смягчающее обстоятельство при вынесении «приговора».

Как отучить мужа врать

Если вы хотите, чтобы ваш любимый был с вами честен, то начните с себя. Когда вас не устраивает то, что вы получаете, измените то, что вы отдаете. Возможно, вы сами с супругом недостаточно искренны, открыты. Проанализируйте свое поведение.

Не старайтесь «крепить» своего ненаглядного. Чем короче и туже «поводок» на его шее, тем сильнее ему хочется избавиться от него. Тотальный контроль над жизнью мужчины – дело неблагодарное. Будьте благоразумны.

Когда ваш муж поймет, что вы адекватно реагируете на разного рода обстоятельства, уважаете его мнение и интересы, у него не будет повода вам лгать.

Как перестать ревновать мужа?

Ревность – очень опасное чувство. Конфликты на почве ревности нередко заканчиваются самой настоящей драмой. С одной стороны, любовь и ревность вроде как две вещи имеющие абсолютное право на существование в тандеме. С другой стороны, это разрушающее чувство появляется от неуверенности в себе.

Неудовлетворенность собой, чаще на неосознанном уровне, порождает сомнения в том, что твой любимый человек действительно остановил свой выбор на тебе, не ищет кого-то «на стороне».

Как научится не ревновать мужа? Давайте обсудим это вопрос.

Удивительно, но как показывает мой опыт, жены ревнуют мужей ко всем женщинам. Я поясню: «**Я ревную мужа к свекрови, его сестре, бывшей жене**». Подобную фразу не так давно мне высказала вполне адекватная, успешная и серьезная замужняя дама. Разбираем по порядку.

1. Ревнуете мужа к свекрови. Причина того, что вы испытываете подобное чувство кроется в недостатке внимания со стороны мужа. Чем больше он проводит время со своей мамой, ставит ее интересы превыше всего, тем больше нарастает напряжение в вас, чувство ревности.

Необходимо понять, что, скорее всего, так воспитали вашего супруга. Привили с детства заботу и уважение к родителям. Разве это плохо? Какой прекрасный пример он будет подавать вашим детям.

Поговорите с мужем. Только ни в коем случае не требуйте того, чтобы он делал выбор между вами. Это нечестно. Уважайте его родителей, будьте благодарны им за подаренную жизнь. Если муж старается не обделять вас вниманием, любит вас и ценит, проявите понимание, терпение и благодарность. В конце концов, родители не вечны… Эту фразу воспринимайте как хотите.

2. Ревнуете мужа к его сестре. Ревновать к родной сестре – глупо, вы и сами это прекрасно понимаете. К сводной – еще понять можно. Не доводите себя до абсурда. Никогда не паникуйте раньше времени и не устраивайте истерик. Если

вам мало внимания – так и скажите. Только формулируйте предложения, а не претензии. Например, «Думаю, нам стоит провести эти выходные вместе, вдвоем. Давай сходим в кино, там сейчас интересный фильм…». Используйте то, что есть в арсенале каждой женщины: игривая улыбка, озорной огонек в глазах, сексуальный воркующий голосок.

3. Ревнуете к бывшей жене. Тяжело сразу смириться с прошлой жизнью любимого мужчины. Но все же, необходимо принять ситуацию. А чтобы происходящее не причиняло боль, нужно изменить отношение к ситуации.

Муж будет общаться с бывшей женой, если на то есть вполне адекватные причины: общий ребенок, бизнес. Однако если это общение он и сам ничем не может объяснить, то это привычка. И будет лучше, если вы поможете мужу избавиться от нее. Нужно время и внимание с вашей стороны.

Как перестать ревновать мужа? Главное успокойтесь. Если уж он выбрал вас, не обделяет своей любовью и заботой, то не тратьте время на ревность и претензии. Занимайтесь тем, чтобы ваш муж снова и снова убеждался в том, что седлал правильный выбор. Любите его, увлекайте, отвлекайте, создайте дома уют и атмосферу полной гармонии и взаимопонимания.

Со временем прошлое «отболит» и отпустит чувства каждого из них. Если же нет, значит, человек не ваш и вашим уже не будет. Смиритесь и отпустите. Новая любовь впереди.

Как найти общие интересы с мужем

Изначально, заголовок этой статьи был чуточку длиннее и звучал следующим образом: **«Как найти общие интересы с мужем и спасти отношения»**.

Я могу с уверенностью сказать, что **проблемы в отношениях** происходят **по причине** отдаления супругов.

Холодность в отношениях может появиться из-за многих причин. Основной причиной является скука, как правило, вызванная отсутствием общих интересов, занятий, тем для разговоров.

Поэтому в вопросе того, как вернуть интерес друг к другу и спасти отношения важно найти «точки соприкосновения». Отправляемся на поиски?

Когда желание обоюдное

Найти общие увлечения, занятия, общие темы для беседы будет гораздо легче, если супруги в равной степени будут желать вновь сблизиться друг с другом.

Почему же изначально могло произойти отдаление? Ситуации могут быть разные. Самый распространенный «сценарий» среднестатистической семейной пары с аналогичной проблемой, выглядит примерно так:

заработались и забегались по рабочим делам, вопросам. В наше время общество представляет собой огромный муравейник, в котором люди-муравьи постоянно суетятся, что-то делают, куда-то бегут, чтобы все успеть. В этой спешке мы зачастую теряем связь друг с другом.

И внезапно кто-то, либо оба останавливаются и понимают: пора идти на сближение. Что-то как-то скучно и грустно, отношения не искрят и сердце не волнуют. Хорошо, если в жизни супругов наступает такой момент. Первый шаг – это всегда осознание проблемы. Далее переходим к действиям.

1. Знакомимся заново. За то время, что вы друг с другом не пересекались (утром позавтракали и разбежались), необходимо вновь узнать друг друга. Поинтересуйтесь, что нового произошло с вашим мужем, какие вообще у него мысли, интересы, желания.

2. Составьте список того, чем вам обоим раньше нравилось заниматься. Проанализируйте. Если на сегодняшний день все это потеряло для вас свою актуальность, переходим к следующему шагу.

3. Возьмите каждый по листку бумаги и ручку. Перечислите то, чем бы вам хотелось заниматься в свободное время. Возможно, посещать бассейн, кататься на роликах, поупражняться в стрельбе и т.д. Важно писать все, что приходит в голову и что хоть как-то способно вас заинтересовать.

4. Теперь просмотрите ваши записи и найдите в них что-то общее, постарайтесь выявить «точки соприкосновения».

5. Найти время. Если есть твердое намерение сделать что-либо, то, поверьте, для такого дела всегда можно найти время. Если решили вместе заняться теннисом, составьте график совместных тренировок и во что бы то ни стало, проводите время вместе друг с другом.

Когда один вне игры

Сложнее решить **проблему отсутствия общих интересов между супругами**, если один из них, видя эту саму проблему, ничего не хочет делать. Например, жена чувствует, что между ней и супругом нет былой связи и им скучно. Она старается найти общие интересы с мужем, а он, в свою очередь, не пытается ей в этом помочь.

Что делать в подобной ситуации? Во-первых, нужно сказать мужу о своих планах: «Для меня важно, чтобы наши отношения приносили друг другу радость. Уверенна, ты поддерживаешь эту идею. Но без твоей помощи мне не обойтись. Давай попробуем найти общее занятие, интересы и начнем больше времени уделять друг другу».

Если между вами еще есть что спасать, муж откликнется и прислушается к вашей просьбе. В противном случае, его нежелание идти на сближение можно объяснить различными причинами:

- в данный момент ему просто некогда. И хорошо, если причина именно в этом. Дайте ему время разобраться с более важными для него делами. Уважайте его труд;

- у него пропал к вам всякий интерес. О причинах, а также о том, как выйти из этой ситуации можете прочитать в моей статье: «Муж не уделяет внимания».

Играть в одни ворота на протяжении долгого периода времени невозможно. Всему есть предел. Если вам удастся донести до вашего супруга эту мысль, думаю, он изменить тактику своего поведения.

Как стать идеальной женой

Если бы вопрос звучал несколько иначе, например: «**Как стать идеальной женщиной**», то я бы ответила так: «Никак!». Для всех идеальной ты не будешь никогда.

Кто-то да найдет в тебе какой-либо недостаток. У всех людей свои требования к окружающим. Поэтому одному человеку невозможно всем этим требованиям соответствовать.

Что касается вопроса, **как стать идеальной женой для своего мужа**, то на этот счет у меня имеются кое-какие соображения.

Идеальная жена: женский взгляд

Для нас понятие «идеальная жена» имеет несколько составляющих. Поэтому по мнению женщины, жена должна быть:

- «идеальной подругой» - но большинство мужчин не верят в то, что с женой можно дружить;
- «идеальной любовницей» - однако, через пять-десять лет любой идеал может наскучить;
- «идеальной невесткой» - не всегда мужчина способен высоко оценить дружбу между мамой и женой;
- «идеальной матерью» - случается и такое, что идеально воспитанная девочка некоторым мужчинам никогда не заменит сына-хулигана. И снова не угодили! (шучу, конечно)
- «идеальная замужняя современная женщина» - для мужчины совершенно не важно, как и по какой шкале вас оценивают ваши подруги.

Идеальная жена: мужской взгляд

Надо отметить, что каждый мужчина вкладывает свой смысл в **понятие идеальной жены**. У каждого **мужа** свое видение и требования относительно супруги.

Тем не менее, существуют три качества, которые любой мужчина ценит в женщинах: - самостоятельность, женственность, понимание.

Остальное можно рассматривать как тесное переплетение, комбинации одного качества с другим:

- ✓ всегда выглядит прекрасно. Для идеальной жены не составит особого труда *самостоятельно* притворить задуманное в жизнь. Она *понимает*, какой ее хочет видеть мужчина;

- ✓ является объектом легкой зависти со стороны других мужчин. Жена *женственна* и эффектна настолько, чтобы выглядеть достойной спутницей;

- ✓ идеальная жена знает, где остановиться, забираясь в личное пространство мужчины. Она прекрасно *понимает*, в каких условиях мужчине комфортно, а в каких – нет. Например, запрещать ему изредка встречаться со своими друзьями в баре – глупо. А вот настоять на том, чтобы он на полчасика опоздал на работу, и заняться сексом вне графика – прекрасно;

- ✓ не докучает глупыми вопросами. Жена достаточно хорошо *понимает* своего мужчину, чтобы *самостоятельно* принять решение. Например, такой вопрос: «Дорогой, так все-таки голубые или розовые рюшечки на шторах?». Неужели его это волнует во время сдачи квартального отчета на работе?

- ✓ у идеальной жены здоровое чувство юмора. Она способна понять, где заканчивается игра и начинается реальность;

- ✓ идеальная жена держит детей, своих родственников и подружек (уж их-то в особенности) на нужном расстоянии.

Потому как она *понимает*, какая доля общения с этими категориями граждан необходима мужчине. Более того, она может *самостоятельно* время от времени устраивать необходимые встречи.

И еще. Не забывайте, что «сахар» в отношениях может надоесть. Поэтому не забывайте сдабривать их солью и перцем.

Семейная жизнь спустя 2 года

С легким трепетом в груди вы вспоминаете вашу первую встречу. Первое свидание. Первый поцелуй. Воспоминание о первой ночи оставили след на коже в виде приятных мурашек…

Теперь будем честны с собою и вспомним ту самую мысль, которая крутилась в голове каждой из нас: «Хочу за него замуж!». Вспомним, как мы осознанно или действуя на подсознательном уровне, делали все, чтобы в один прекрасный вечер нам преподнесли столь желанное для нас ювелирное изделие, сопровождая подарок предложением руки и сердца.

«Я подумаю… так неожиданно…», - это, надо сказать, было для приличия.

Разбор полетов

Что изменилось спустя два года после того самого незабываемого и счастливого дня в вашей жизни? Если ничего, то это плохо. Чувства немного остыли? Это не страшно, можно над этим поработать.

Возможно, кто-то ответит на этот вопрос своеобразным жестом, означающим «Вот где все это у меня! Достало уже!..», жестикулируя рукой где-то в районе своего горла. В таком случае, можно бить тревогу. Однако не отчаивайтесь. **Проблемы в семейных отношениях** – это, увы, не редкость. И давайте будем разбираться по порядку.

Если спустя два года **после свадьбы** в ваших **отношениях** ничего не изменилось, это еще не означает, что все прекрасно и оба супруга довольны. Это не дает гарантии вашему семейному счастью в дальнейшем, скорее всего, наоборот, могут начаться проблемы.

Опытные специалисты по семейным отношениям объясняют это на примере такого явления природы, когда вода в водоемах застаивается и превращается в болото. Если отношения не развиваются, происходит «застой», который совершенно нежелателен в браке. Его последствиями в отношениях могут стать скука, безразличие друг к другу, интерес к другим представителям противоположного пола. Все это печально и следует подумать о причинах «застоя». Важно их либо предотвратить, либо устранить.

Кто виноват и что делать?

Что является причиной кризиса в отношениях? Ответ ищите, в первую очередь, в себе. Произошел «застой» лично в вас. Вы или ваш супруг остановились в своем развитии как личности, это привело к тому, что и ваши отношения стабилизировались. Когда вы не развиваетесь как личность, то и отношения «увядают». Так не должно быть. Это важно понимать.

У каждого из супругов должно быть стремление стать еще лучше, еще интереснее. Во-первых, для самого себя, во-вторых, для любимого человека. Можно понять, когда мужчина все силы и время тратит на работу. Однако, должно быть какое-то хобби, увлечение, стремление и мечты, ради которых все его труды. Диван и телевизор воспринимайте как вариант отдыха, но это не должно войти в привычку.

Если у вашего любимого мужа есть какое-либо увлечение, уважайте его выбор. Цените то, что он хоть чем-то интересуется, будь это книги, музыка, плаванье. Что угодно, главное не во вред ему и вашим отношениям.

Что касается женщин, то нам «застаиваться» категорически нельзя. Иначе подхватит мужа веселый «водоворот» и закружит ему голову. Яркая, интересная, уверенная в себе и нежная женщина должна оставаться таковой и в браке. Не стоит жертвовать своими интересами после свадьбы, о них всегда следует помнить. В крайнем случае, их можно слегка пододвинуть, но не исключить.

Если вы домохозяйка, то обзаведитесь удобной и красивой одеждой для дома. Ее можно заказать в интернет-магазине, не выходя из дома.

Нелишним будет и наличие легкого макияжа дома. Вы будете нравиться самой себе, а особенно своему супругу.

Но самое главное, без чего женщине нельзя обойтись в браке, так это внутренняя наполненность и постоянное обогащение себя как личности, как Женщины. Ведь если нам самим с собой скучно, то и любимому, вероятнее всего, с нами неинтересно.

Читайте книги по психологии взаимоотношений, книги для развития женственности и сексуальности, посещайте тренинги, ходите в гости, общайтесь с интересными людьми. Шейте, вышивайте, наполняйте уютом ваш дом и всегда оставайтесь Женщиной, достойной светлой.

Ответ на письмо

*«Здравствуйте, Анастасия! Не могу не поделиться своей проблемой. Я замужем, у меня семья. Любимый муж, долгожданный ребенок, приятные милые родственники…Но я чувствую себя несчастной. Более того, меня жутко раздражает моя жизнь и я не знаю как с этим бороться… Такое чувство, что **я живу не своей жизнью. Что** мне **делать**?»*
Лариса Н. г.Омск

Надо понять причину того, почему вам все так ненавистно – муж, быт, отношения…Что с этим не так? Чего бы вам хотелось? Если ничего, то срочно в отпуск и по отдельности. Поскучать в дали от любимого и смена обстановки в совместном отдыхе пойдут на пользу, выбирайте.

Что делать, если вас все «бесит и раздражает»? Анализируя, вы обнаружите, что вас бесит не «что-то», а «кто-то». И этот «кто-то» - ваш муж. Когда-то вы строили хитрые планы, как бы его под венец, а теперь выходите из себя из-за всякой мелочи. То он носки разбрасывает, то со стола крошки не убрал, чавкает и шваркает, когда ест и чай пьет.

Что происходит на самом деле, так это неправильное представление о ваших отношениях и вашем браке. До того, как выйти замуж, у нас у каждой в голове полно «картинок» нашего идеального семейного счастья. Кто-то сам себе их рисует, а у кого-то пример из жизни родителей, соседки, героев из любимых фильмов и сериалов и т.д.

Выйдя замуж, у нас происходит несоответствие реалий нашего брака тем «картинкам». Наступает разочарование, печально и грустно, и некому руку подать… Беда, одним словом.

Но это нормально и так должно быть, потому как ваши отношения – это ваши отношения, ваш брак – это ваш брак, а не чья-то копия. Нельзя взять и перенести готовую «модель» брака в свою жизнь, потому как у других она работает. У вас работать не будет. Ваш брак другой, со своими особенностями и развитием. Поэтому выкиньте все свои «картинки» из головы, они вам не нужны.

Ваше семейное счастье, рисунок вашего брака будет складываться в процессе совместной жизни. Вы сами будете их создавать и делать выводы, что для вас подходит, а что никакой пользы не приносит.

Запомните одну главную вещь – **цель создания** вашего **брака** это стать счастливыми, создать счастливый союз. Эта цель у вас общая, она объединяет вас с вашим супругом, и это важно помнить. Вы садитесь в одну лодку, которую несет по течению вашей совместной жизни. Вы в ней вдвоем, а все, что за бортом, это то, что вы преодолеваете на своем пути, вместе, по ходу вашего движения.

Когда дома вы устраиваете истерику по поводу бытовых вопросов, (то, что за бортом), кто куда носок положил и где кружку оставил, так это равносильно тому, что вы встали и начали вашу лодку раскачивать, того и гляди перевернется. Можно ведь спокойно, без истерик, щелкнуть ему по носу и попросить сделать так-то.

Вы выбрали этого мужчину, полюбили его, приняли за «своего», родного. Так и плывите в одной лодке.

Часть 2. Личное

Пагубное влияние эмоций на отношения

Недавно между мной и моим мужем произошел пусть и небольшой, но неприятный конфликт.

Вообще, я всегда стараюсь делать ему приятно, заботиться, как-то поддерживать и делом и словом. Удивительно, как все-таки сложно бывает контролировать эмоции. Это тяжелый труд, скажу я вам. Вроде все понимаешь, но в определенный момент «тормоза отказывают» и ты начинаешь истерику, выказываешь недовольство и т.д.

Вернемся к моему конфликту.

Это была суббота и день начался с суеты. Ребенок не спал, мы ждали, когда муж вернется с работы, и мы отправимся за город к отцу на «дачный уикенд». Признаюсь честно, рассчитывала я на одно время, но мы выехали из дома значительно позже.

Как и у многих бывает, ситуация вызвала у меня раздражение. Режим дочки был нарушен, от этого она подняла крик, что не очень благотворно сказалось на моем поведении. Это если мягко выразиться.

В машине ехали молча. Мне было трудно держать себя в руках, хотелось заплакать или закричать. Безусловно, я ждала от мужа какой-то реакции, слов.

Вообще, я очень не люблю ссоры с мужем. Мне это причиняет такую боль, которая не просто вызывает «комок в горле», но делает все вокруг бессмысленным. И знаю ведь, что сама вроде как виновата. Но, согласитесь, мало кто может честно в этом признаться.

Свежий воздух пошел на пользу. Дочка крепко спала, аромат шашлыка и печеного хлеба пробуждал зверский аппетит. Вечер был безветренным, а веселая компания приехавшей погостить сестры и племянниц поднимала настроение. Единственным, что омрачало отдых была недосказанность с супругом.

Так или иначе, разговор состоялся только поздно вечером. Я была уже не в силах терпеть молчание.

Я всегда старалась адекватно воспринимать критику и замечания. Но в момент выяснения отношений, так мне не хотелось слышать и принимать правду. Я знала, что муж прав, но не могла согласиться и искала всяческие оправдания.

Борьба внутри меня превосходила по силе наш с мужем конфликт. Он сказал, что моя раздражительность и нервозность убивает всякое желание общаться со мной. Именно это я запомнила, потому как это действительно «зацепило»:

«Приходя домой, мне не хочется видеть твой обозленный взгляд, чувствовать негатив и недовольство. Если нужно помочь с ребенком – так и скажи. Если у тебя плохое настроение, ты устала, не надо дуться. Просто подойди и скажи мне «так и так»…

Я всегда говорю молодым, что нельзя забывать про речь. Говорите друг с другом, делитесь, объясняйтесь. Но сама, порой, поступаю иначе. Молчу, ворчу и думаю, что муж сам обо все догадается. Нет, не догадается.

Давая советы другим, важно самому соблюдать эти правила. Иначе, грош цена таким советам.

Я приняла правду в тот вечер. Это было нелегко. Попросила прощения и выдвинула ответную просьбу: «Предупреждай о том, что ты задерживаешься». Только и всего.

Распорядок дня в семье

Честно говоря, я давно задумывалась о том, что **в семье** должен быть определенный **режим дня**. Когда появляется ребенок, это просто необходимо. Если оба родителя работают, кто-то вне дома, а кто-то в его стенах, нужно рационально использовать свободное время.

Полезное необходимо совмещать с приятным. Поэтому к режиму дня в семье необходимо добавлять милые семейные традиции. Совместный завтрак, совместные прогулки по вечерам, совместное купание ребенка, ужин. Из таких мелочей, как ни крути, складывается семейная жизнь.

Думая о «глобальных», серьезных вещах (как наладить отношения, поддерживать связь, куда поехать отдыхать и т.д.), не забывайте о ежедневных мелочах.

Если вы решили составить свой распорядок дня, при этом вы любящая заботливая жена и мама, у которой есть свои интересы, работа на дому, увлечения, в первую очередь ориентироваться необходимо на ребенка.

Понаблюдайте, когда он просыпается, сколько времени необходимо малышу чтобы активно поизучать окружающий мир. Когда подобная дисциплина в семье вступит в свою силу, ребенку будет легко, комфортно, а самое главное спокойно.

Для 6-ти месячного ребенка примерный **распорядок (режим) дня в семье** может выглядеть следующим образом:

7.00ч. – подъем;

7.20ч. – завтрак вместе с мужем;

7.00-8.00 ч. – ребенок может поиграть в манеже;

8.00-9.30ч. – время для сна. У вас появилась возможность проверить почту, поработать, почитать;

9.30-11.00ч. – занимайтесь ребенком;

11.00-13.00ч. – прогулка. На улице ребенок может поспать в коляске. Однако если хотите уложить ребенка после прогулки, не давайте ему на улице спать более 30 мин.;

13.00-13.30ч. – кормление;

14.00-15.30ч. – дневной сон. Вы в это время можете заняться своими делами;

15.30-17.00ч. – время для занятий с ребенком;

17.00-18.00ч. – отдых для ребенка. Можете покачать на руках, ребенок в это время немного подремлет, либо оставить полежать в манеже;

18.00-21.00ч. – хорошо, если муж займется вашим чадом. Пусть поиграет с ним, почитает, просто поговорит с малышом. В этом промежутке времени можете искупать ребенка. Если сумеете заранее договориться с мужем, пусть это время будет полностью в вашем распоряжении;

21.00ч. – отбой для ребенка.

22.50ч. – отбой для родителей.

Старайтесь ложиться не позднее полуночи. Тогда вы будете легко вставать рано утром и высыпаться.

Семья и карьера в жизни женщины

или Почему у меня тоже бывают депрессии

Об этом я никому не рассказывала, но сейчас понимаю, что это нужно сделать. Сегодня поговорим о **семье и карьере в жизни женщины**. Вам придется узнать изнанку моей жизни, потому как я буду описывать свой собственный опыт.

Вопрос того, **что же выбрать - карьеру или семью** многих заставляет задуматься. Причем касается это в основном женщин, потому как забота о семье, воспитание детей и обустройство семейного гнездышка ложится на наши хрупкие плечи. Ничего не поделаешь, с этим нужно что-то решать…

Если я скажу, что совмещать работу жены, мамы с еще какой-либо деятельностью можно, никого это не удивит. При желании – кончено, можно все.

Однако вы должны знать о том, чем может обернуться для вас бешеный ритм жизни, который неизбежно придет, даже нет, ворвется в вашу жизнь.

На счету каждая минута

Я раньше даже и представить не могла, что буду постоянно считать время, которое трачу на завтрак, общение по телефону с кем-либо, принятие душа, общение с мужем и ребенком.

В то время как, например, кормишь ребенка, мысленно в голове держишь еще несколько пунктов, которые обязательно надо выполнить сегодня. Пока играешь с ребенком, думаешь о том, что нужно сделать, когда удастся уложить ее спать.

Я стараюсь наслаждаться этим временем, которое я провожу с дочкой. Однако два часа ее сна днем – для меня настоящее счастье. И снова на счету каждая минута. Опять ощущение гонки.

Работа в интернете удобна. Однако отнимает не меньше сил и времени. Два часа пролетают незаметно.

Совмещая работу жены и мамы с вашей любимой деятельностью, будьте готовы к тому, что время от времени вас будет посещать мысль о том, что вы опять что-то не успели. Меня порой даже охватывает паника и злость, когда я не сделала того, что планировала.

Но ничего не поделаешь. Ребенок может проснуться раньше и ему все равно, назначала ли ты очередную консультацию по Skype с кем-то или нет. У этого маленького человечка свои планы…на тебя.

Усталость

Если бы можно было в течение дня «ставить себя на подзарядку» - это было бы прекрасно. Закончилась энергия и силы – пожалуйста, чудо устройство к вашим услугам, как у телефона.

Домашние хлопоты, воспитание ребенка, работа на дому – все это отнимает много сил. Для чего я это пишу? Наверное, для того, чтобы некоторые мужья боготворили таких жен и стали более чуткими и милосердными.

Я терпеть не могу подобные фразы: «А как ты хотела?», «Ну, это ребенок…», «Надо как-то совмещать». Когда у супругов одни общие цели, это прекрасно, это радует. Но это вовсе не означает что у них одинаковый заряд энергии и степень нагрузки. Подобные фразы время от времени омрачают мою счастливую семейную жизнь. Это даже не жалоба, просто констатация факта.

Если вы решили строить карьеру параллельно с выстраиванием крепких, счастливых отношений, будьте готовы много отдавать.

А что взамен?

Как продолжение, напрашивается вопрос о том, что же вы получите? Если речь идет о вашем ребенке – его доверие, любовь и уважение. Если вы много отдаете работе – вы получите признание, социальный статус, материальные блага. Если вы много отдаете отношениям – вот тут внесем ясность.

На моем опыте скажу так, что в жизни приходится чем-то жертвовать. Я жертвую своим временем с любимым человеком. Пока, на данном этапе.

Почему так происходит? Наверное, моя причина заключается в том, что мы с мужем еще и деловые партнеры. И когда разговоры приобретают исключительно рабочий характер, на романтику и нежные чувства не остается времени.

Важно. Теперь вот что я хочу отметить. Необходимо опасаться фанатизма и одержимости работой. Если один из супругов полностью отдает себя работе, то другой страдает от нехватки внимания, заботы, общения. Если же оба записались в ряды «папы Карло», то, спрашивается, каков будет финал?

Безусловно, «это временно» - кто-то скажет так. Но задумайтесь, будет ли потом у вас обоюдное желание двигаться дальше, наслаждаться совместно тем, что вы получили после того, как «это временно» наконец-то закончилось?

Печальным можно назвать развитие следующего сценария: пока работали, все «зернышки» любви растеряли, которые так трепетно собирали и берегли в самом начале совместного пути. В бешеном ритме жизни, жизнь и промчалась. Это не менее грустно.

Ну а можно и на позитиве закончить: оба достигли своих целей, личных и общих, оба счастливы, а все остальные завидуют.

Помните, духовная близость, связь требует к себе не меньше внимания, чем работа или ребенок. Если не уделять себя отношениям, любви, она завянет как цветок без воды. Пусть и звучит банально, зато мысль четкая.

Вода в отношениях – это ежедневные мелочи. Это походы в кино, ужин при свечах, страстный секс, признания и проявления любви, нежности, заботы.

Брак – это не только работа и быт. Это еще и нежные слова, объятия и искренняя радость тому, что вы есть друг у друга.

*«**Почему семья важнее карьеры** – каждый для себя решает сам. Для кого-то счастье в детях и заботе о муже, кто-то в принципе не хочет работать и может себе это позволить, третьи жертвуют во имя любви. У каждого есть право выбора, но никогда нельзя никого винить. Вы сами делаете свой выбор, и вы же в ответе за его последствия».*

Слишком умные мысли

Когда мне понадобились новые ботинки, и я отправилась по магазинам, то первый раз в жизни я вернулась ни с чем. Обычно я сразу нахожу то, что ищу. В этот раз я была ограниченна в деньгах.

Вернувшись, муж не мог не заметить, что я расстроена. Он сказал, что это не самое страшное, начал приводить мне грустные примеры из жизни бедных людей и т.д. Безусловно, я согласна, что нужно быть благодарной за то, что имеешь. И я благодарна. Более чем.

Но позвольте, когда речь заходит о времени, которое тратится на работу, о бизнесе, который требует материальных вложений, я слышу совершенно другую фразу: «Надо ровняться на лучших» и многое другое на подобный лад.

Так в моей голове появилось множество противоречий. В ходе жизни, в ходе общения, в ходе наблюдения…

✓ если надо быть благодарной за то, что имеешь, может и не обязательно на лучших ровняться? Зачем? Сравнивая себя с теми, «у кого хуже», ты получается просто в шоколаде. Вопрос: Стоит ли так надрывать пупок? Может тогда тратить время на семью и довольствоваться тем, что есть?

Если мой муж с подобной мыслью не согласен, тогда и я с отсутствием ботинок тоже мириться не собираюсь. Раз уж сказал ровняться на лучших, тогда и нужно во всем придерживаться данной стратегии.

И вы не подумайте, тут дело даже не в ботинках. Просто эти две «умные» мысли взаимоисключающие получаются. Да и вообще больше похоже на оправдание для двух различных жизненных ситуаций. А что? - Удобно. Ничего у тебя нет – не горюй, у кого-то хуже. А если ты трудоголик и света белого не видишь, экономишь, все вкладываешь «в дело» – ничего, ровняемся на лучших и продолжаем в том же духе!

✓ поступай с людьми так, как хочешь чтобы поступали с тобой. Интересно, как долго можно быть «белой и пушистой» со своим любимым мужчиной? Сколько нужно отправить ему СМС и стихотворений на стену вконтакте чтобы наконец-таки дождаться ответной реакции? Как долго можно идти на поводу у своего начальства, проявляя уважение и терпение к его придиркам?
А если соседи мусорят, а ты постоянно убираешь и искренне веришь, что они снизойдут до простого смертного и наведут порядок на лестничной площадке? Долго ждать-то?

На самом деле, я думаю, что некоторых людей собственным добрым отношением к ним ты ничему не научишь. Здесь нужен хороший подзатыльник, в прямом или переносном смысле. В зависимости от ситуации.

Заключение

Когда мне было 9 лет, я впервые написала стихотворение. Я посветила его мальчику, с которым жила в одном дворе. Он мне нравился. Это было на тот момент как-то по-своему, по-детски, что ли…

Его звали Роман. Стихотворение начиналось так: «Люблю тебя, о мой Ромео…». Он до сих пор не знает об этом. Да и не узнает уже, наверное…

К чему я это вспомнила? Дело в том, что с того момента я и начала писать стихи. У меня это неплохо получалось и в старших классах, и в институте. И на моей старой доске желаний давно красуется надпись: «Издать книгу».

Раньше я думала, что это будет сборник стихотворений. Мною движело желание рассказать всем, как я умею любить, страдать, переживать, радоваться, чувствовать.

Сейчас я понимаю, что ЭТА книга не просто способна поведать вам о моих мыслях и чувствах. Она в какой-то мере может поспособствовать тому, что и вы начнете любить, радоваться, переживать, чувствовать. Если бы здесь были стихи – вы бы получили только лишь удовольствие и вихрь эмоций и чувств.

А так вы получили нечто большее. Во всяком случае, я на это надеюсь.

Многие женщины мечтают об идеальных отношениях. Каждая вкладывает в это понятие свой смысл. Всем интересно знать, что нужно делать, как себя вести с мужчиной. Однако не все начинают действовать, всерьез работать над собой и над созданием своих «идеальных отношений».

Теория важна. Но только действия и внедрение полученных знаний приведут вас к результату.

Самой главной и приятной наградой для меня стала бы новость о том, что мои знания кому-то пригодились и помогли. Помогли познать себя, познать тех, кто вам дорог.

Дайте мне знать, если в вашей жизни прибавится любви, гармонии и счастья. Я искренне порадуюсь за вас, а себе скажу: «Все это было не зря».

Узнать больше информации обо мне Вы можете здесь: http://www.anastasiagibskaya.com/moya-istoriya/

Так же у Вас будет возможность написать мне лично, заглянув в раздел моего блога «Связаться со мной».

i want morebooks!

Покупайте Ваши книги быстро и без посредников он-лайн – в одном из самых быстрорастущих книжных он-лайн магазинов! окружающей среде благодаря технологии Печати-на-Заказ.

Покупайте Ваши книги на
www.more-books.ru

Buy your books fast and straightforward online - at one of world's fastest growing online book stores! Environmentally sound due to Print-on-Demand technologies.

Buy your books online at
www.get-morebooks.com

VDM Verlagsservicegesellschaft mbH
Heinrich-Böcking-Str. 6-8   Telefon: +49 681 3720 174   info@vdm-vsg.de
D - 66121 Saarbrücken   Telefax: +49 681 3720 1749 www.vdm-vsg.de

Printed by Books on Demand GmbH, Norderstedt / Germany